Christopher Rawson/Joanna Spector
Elizabeth Polling

Kleines Pferdebuch für Kinder

Alles über Pferde, wie man sie
pflegt und reitet

Otto Maier Verlag Ravensburg

Du lernst dein Pony kennen

Zum Reitenlernen eignet sich ein Pony besonders gut. Die englischen Ponys wie z.B. das New Forest, Dartmoor, Exmoor oder das bekannte Welsh Pony sind etwas größer als viele der bei uns bekannten Ponyrassen.

Es wird daher im folgenden immer von Ponys die Rede sein; du kannst aber auch sehr gut auf einem Warmblüter, d.h. auf einem „richtig großen" Pferd das Reiten erlernen.

Dein Pony wird sich leichter eingewöhnen, wenn du es täglich zur gleichen Zeit fütterst und auf die gleiche Weise behandelst. Da sich Ponys durch plötzliche Bewegungen und Geräusche leicht erschrecken lassen, solltest du dein Pony ansprechen, ehe du zu ihm hingehst oder es berührst. So lernt es deine Stimme kennen und faßt Vertrauen zu dir. Sei nie grob oder unbeherrscht zu ihm, auch wenn es nicht gleich das tut, was du willst. Gib ihm aber durch den Ton deiner Stimme zu erkennen, daß du unzufrieden mit ihm bist.

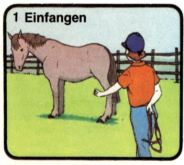 

Geh mit deinem Halfter und einem Leckerbissen – z.B. einem Stück Möhre – in den Auslauf. (Gatter schließen!) Lebt dein Pony allein, dann rufst du es.

Ist es mit anderen zusammen, dann laß den Leckerbissen in der Tasche und geh ihm mit beruhigenden Worten entgegen. Biete ihm mit der linken Hand die Möhre an und streife ihm dabei das Genickstück über.

Während es kaut, legst du das Halfter an. Zur Belohnung gibst du ihm einen freundlichen Klaps und noch einen Leckerbissen, damit es sich auch künftig gern wieder einfangen läßt.

So wird der Führzügel gehalten. Dann sagst du „vorwärts" und gehst los. Du solltest neben seiner Schulter gehen und dein Pony von beiden Seiten führen können.

Das ist falsch! Wenn man ihnen in die Augen starrt, ziehen Ponys meist nach rückwärts. Dein Pony lernt vorwärts zu gehen, wenn du ihm beim Gehen mit einem Stock leicht gegen die Seite tippst.

Größe messen

Die Größe des Ponys wird vom Boden bis zum höchsten Punkt des Widerrists in Zentimetern gemessen. Für die Hufeisen zieht man einen Zentimeter ab.

Die Körperteile des Pferdes

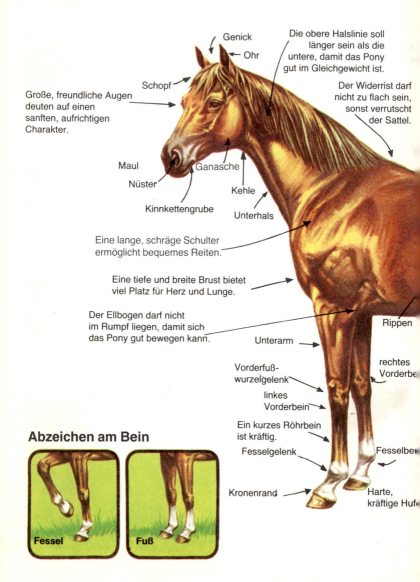

Genick
Ohr
Die obere Halslinie soll länger sein als die untere, damit das Pony gut im Gleichgewicht ist.
Schopf
Der Widerrist darf nicht zu flach sein, sonst verrutscht der Sattel.
Große, freundliche Augen deuten auf einen sanften, aufrichtigen Charakter.
Maul
Ganasche
Nüster
Kehle
Kinnkettengrube
Unterhals
Eine lange, schräge Schulter ermöglicht bequemes Reiten.
Eine tiefe und breite Brust bietet viel Platz für Herz und Lunge.
Der Ellbogen darf nicht im Rumpf liegen, damit sich das Pony gut bewegen kann.
Rippen
Unterarm
rechtes Vorderbein
Vorderfuß-wurzelgelenk
linkes Vorderbein
Ein kurzes Röhrbein ist kräftig.

Abzeichen am Bein

Fesselgelenk
Fesselbein
Kronenrand
Harte, kräftige Hufe

Fessel
Fuß

Abzeichen am Kopf

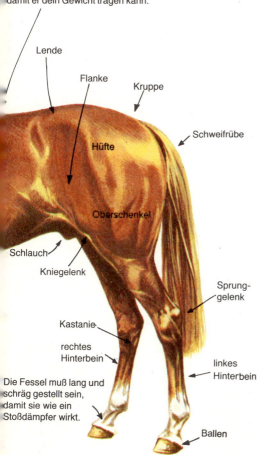

Der Rücken soll kurz und kräftig sein, damit er dein Gewicht tragen kann.

- Lende
- Flanke
- Kruppe
- Schweifrübe
- Hüfte
- Oberschenkel
- Schlauch
- Kniegelenk
- Sprunggelenk
- Kastanie
- rechtes Hinterbein
- linkes Hinterbein
- Ballen

Die Fessel muß lang und schräg gestellt sein, damit sie wie ein Stoßdämpfer wirkt.

Stern

Schnippe

Blesse

Schmale Blesse

Sattel und Zaumzeug

Die Ausrüstung eines Ponys besteht aus Sattel, Zaumzeug und anderem Zubehör. Sie ist teuer, hält aber viele Jahre, wenn sie sorgsam behandelt und gepflegt wird. Neues oder gebrauchtes Zubehör sollte vor dem Kauf immer anprobiert werden, denn wenn es nicht paßt, wird sich dein Pony nie damit wohl fühlen.

Wenn dein Gewicht den Sattel belastet, muß er passen und darf das Rückgrat des Ponys nicht berühren. Die Sattelwölbung darf aber auch nicht so eng sein, daß der Sattel zu hoch sitzt. Sonst rutscht er hin und her und bringt Pferd und Reiter aus dem Gleichgewicht. Er darf weder vorn auf den Widerrist drücken noch hinten bis auf die Lenden reichen. Am besten kaufst du einen Sattel, den du zum Reiten und Springen verwenden kannst, und eine Trense.

Der Sattel wird auf einem Sattelbock aufbewahrt, das Zaumzeug wird am Kopfstück aufgehängt. Wenn sie länger nicht benutzt werden, sollten sie trocken untergebracht sein. Ein gesatteltes Pony muß immer angebunden sein, damit es sich nicht wälzt und den Sattel beschädigt.

Sattelgurte

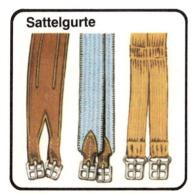

Ein Sattelgurt ist eine Art Gürtel, der dem Pony umgeschnallt wird, damit der Sattel nicht verrutscht. Gute Gurte bestehen aus Nylon, Leinenband oder geschmeidigem Leder.

Der Springsattel

Springsättel haben meist einen sehr leichten Sattelbaum, damit sie möglichst leicht sind. Die besonders geformten Seitenblätter sollen dabei helfen, beim Springen die richtige Haltung einzunehmen.

Der Sattel

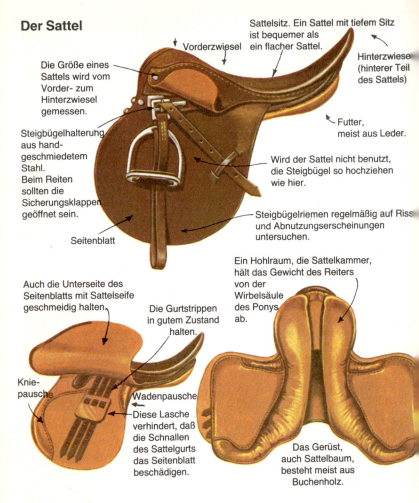

Sattelsitz. Ein Sattel mit tiefem Sitz ist bequemer als ein flacher Sattel.

Vorderzwiesel

Hinterzwiesel (hinterer Teil des Sattels)

Die Größe eines Sattels wird vom Vorder- zum Hinterzwiesel gemessen.

Steigbügelhalterung aus handgeschmiedetem Stahl. Beim Reiten sollten die Sicherungsklappen geöffnet sein.

Futter, meist aus Leder.

Wird der Sattel nicht benutzt, die Steigbügel so hochziehen wie hier.

Steigbügelriemen regelmäßig auf Riss und Abnutzungserscheinungen untersuchen.

Seitenblatt

Ein Hohlraum, die Sattelkammer, hält das Gewicht des Reiters von der Wirbelsäule des Ponys ab.

Auch die Unterseite des Seitenblatts mit Sattelseife geschmeidig halten.

Die Gurtstrippen in gutem Zustand halten.

Kniepausche

Wadenpausche

Diese Lasche verhindert, daß die Schnallen des Sattelgurts das Seitenblatt beschädigen.

Das Gerüst, auch Sattelbaum, besteht meist aus Buchenholz.

Sattelpflege

Nach jedem Ritt muß der Sattel gesäubert werden: Sattelgurt und Steigbügel abnehmen und den Sattel mit einem feuchten Schwamm reinigen. Nach dem Trocknen das Leder mit Sattelseife einreiben, die Steigbügel polieren, den Gurt säubern und zuletzt alles wieder zusammensetzen. Einmal im Jahr den Sattel vom Sattler überprüfen lassen. Einen neuen Sattel mit Öl einreiben, damit er geschmeidig wird.

Satteln

Binde das Pony an und streiche die Haare auf seinem Rücken glatt. Dann legst du den Sattel wie im Bild so auf, daß er vorn über den Widerrist reicht.

Schiebe jetzt den Sattel nach hinten, lasse von der rechten Seite den Gurt herunter und achte darauf, daß Laschen und Schnallen nicht verdreht sind. Von der linken Seite schnallst du nun den Gurt lose ein.

Ziehe den Gurt sanft an und streiche die darunterliegenden Haare und die Haut glatt. Manche Ponys blasen sich dabei auf, überprüfe deshalb die Gurte vor und nach dem Aufsitzen.

Absatteln

Zuerst werden die Steigbügel an den Riemen nach oben geschoben. Dann öffnest du den Gurt von der linken Seite, hebst den Sattel auf den linken Arm und legst den Gurt über den Sattel.

Das Zaumzeug

(Englisches Reithalfter)

Der Stirnriemen sorgt dafür, daß das Kopfstück nicht nach hinten rutscht.

Nasenriemen aus gepolstertem Leder

Am Genickstück werden die Backenstücke angeschnallt. Der Zaum läßt sich also in der Länge verstellen.

Kehlriemen

Zügel sollten etwa 1,5 cm breit und nicht zu lang sein, sonst bleibst du mit den Füßen darin hängen.

Die Backenstücke müssen auf beiden Seiten gleich lang sein und das Gebiß in Höhe der Maulwinkel halten.

Zaumzeugpflege

Nach dem Reiten das Gebiß abspülen, damit Futterreste und Speichel nicht antrocknen.
Um das Zaumzeug zu reinigen, alle Schnallen öffnen und jedes Teil einzeln säubern, dann alles mit einem Fensterleder abtrocknen und mit einem leicht feuchten Schwamm mit Sattelseife einreiben. Zuletzt alles wieder zusammensetzen.

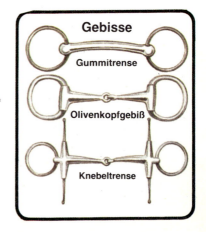

Gebisse

Gummitrense

Olivenkopfgebiß

Knebeltrense

Zaumzeug anlegen

Streife dem Pony den Zügel über den Kopf. Halte das Zaumzeug wie auf dem Bild, öffne das Maul mit dem Daumen, schiebe das Gebiß behutsam hinein und hebe dabei das Genickstück über die Ohren.

Streiche die Mähne glatt und lege den Schopf über den Stirnriemen. Prüfe, ob das Gebiß waagrecht oben über der Zunge liegt und die Maulwinkel berührt, ohne sie nach oben zu ziehen.

Dann schnallst du Nasenriemen und Kehlriemen fest. Dabei sollte deine Faust, wie im Bild, unter den Kehlriemen passen. Ziehe alle Riemen ordentlich durch die Schnallen, damit die Enden nicht lose hängen.

Zaumzeug abnehmen

Öffne Nasenriemen und Kehlriemen. Hebe Zügel und Genickstück behutsam über die Ohren. Beim Abzäumen darf das Pony das Gebiß selbst aus dem Maul fallen lassen.

Das richtige Pony für dich

Jeder, der gern reitet, träumt von einem eigenen Pony.
Ehe du ein Pony kaufst, solltest du möglichst viel Erfahrung im Umgang mit Ponys sammeln, damit du genau weißt, welches das richtige für dich ist.
Um ein Pony zu versorgen, mußt du lernen, womit man es füttert, wie man es auf der Koppel einfängt, wie man es pflegt und aufzäumt.

1 Die Ausrüstung

Es ist billiger für dich und besser für das Pony, wenn es auf der Weide gehalten wird. Für jedes Pony sollten etwa 5000 m² gutes Grasland vorhanden sein.

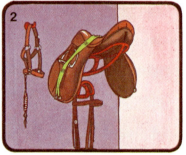

Für das Pony brauchst du Sattel, Zaumzeug und Halfter. Wenn du diese Ausrüstung nicht schon mit dem Pony übernimmst, sollte sie vom Sattler passend angemessen werden.

Alle vier bis sechs Wochen sollte ein Hufschmied deinem Pony die Hufeisen abnehmen, die Hufe beschneiden und die abgelaufenen Hufeisen durch neue ersetzen.

Zum Überwintern im Freien brauchen manche Ponyrassen eine wasserdichte Decke und zusätzliches Futter. Erkundige dich, wo du Heu und Preßfutter kaufen kannst.

Alle acht bis zehn Wochen sollte dein Pony eine Wurmkur machen, und einmal im Jahr sollte es der Tierarzt gegen Husten und Wundstarrkrampf impfen und seine Zähne untersuchen.

Hier sind einige der Gegenstände abgebildet, die du für die Pflege deines Ponys brauchst. Wenn du sie pfleglich behandelst, werden sie lange halten.

Die geeignete Größe

Am besten kaufst du ein Pony, das zunächst noch etwas zu groß für dich ist; dann kannst du es noch reiten, wenn du etwas gewachsen bist. Es darf allerdings nicht zu groß sein, sonst wirst du nicht mit ihm fertig, aber auch nicht zu klein, sonst sitzt du nicht bequem darauf, und es kann dich nicht lange tragen.
Willst du an Wettbewerben teilnehmen, so mußt du darauf achten, daß dein Pony die Höchstmaße nicht überschreitet.

Zu großes Pony   Zu kleines Pony

Worauf man beim Pony-Kauf achten muß

Je mehr du vor dem Kauf über ein Pony weißt, desto besser. Am besten kaufst du ein Pony, das für seinen Besitzer zu klein geworden ist, oder eines, das du schon kennst, vielleicht aus deiner Reitschule. Nimm zum Kauf jemanden mit, der etwas von Ponys versteht.

Kaufe nie auf einer Auktion, wenn du das Pony dort nicht reiten kannst. Dein Pony sollte zwischen 6 und 14 Jahren alt und fertig zugeritten sein. Beobachte es in seinem Auslauf: Ist es freundlich und leicht einzufangen? Laß es satteln und reiten und reite es selbst.

Unternehmungen mit dem Pony

Schon das einfache Reiten auf einem gewöhnlichen, ruhigen Pony wird dir viel Freude machen. Du kannst aber auch an Ponyspielen und Rallyes der Ponyclubs teilnehmen. Meist nehmen Ponys gern an Reitjagden teil und springen über natürliche Hindernisse wie Baumstämme und Gräben.

Die meisten Ponys lernen leicht, auch künstliche Hindernisse bis zu etwa 1 m Höhe zu überspringen. Gute Springponys brauchen viel Mut, um hohe Hindernisse anzugehen, und sind für Anfänger meist zu temperamentvoll und vor allem zu teuer. Auf einer Ponyschau müssen die Ponys vor allem gut aussehen und sich harmonisch bewegen.

Wenn das Pony sich gern reiten läßt und auch im Verkehrslärm ruhig geht, laß es noch von einem guten Tierarzt untersuchen. Kaufe es nur, wenn es ganz gesund ist und du sicher bist, daß es das richtige Pony für dich ist.

Auf der Weide

Ein Unterstand wie dieser, der nach Süden offen ist, eignet sich gut. Für die meisten Ponys reicht jedoch eine dichte Hecke an der Nordseite der Weide.

Der beste Wasserbehälter ist ein Trog, der sich automatisch füllt, wenn dein Pony trinkt. Er muß regelmäßig gereinigt werden.

Untersuche dein Pony häufig auf Verletzungen. Kratze regelmäßig die Hufe aus und achte auf den Zustand der Hufeisen.

Das Gatter muß stabil sein und einen Verschluß haben, den Ponys nicht öffnen können. Am besten verwendest du zusätzlich eine Kette mit Vorhängeschloß.

Manche Ponys mögen einen Leckstein mit Salz und Mineralstoffen. Er wird an einen geschützten Platz gestellt.

Ein solcher Balkenzaun eignet sich am besten für eine Ponyweide, denn er ist stabil, und die Ponys verletzen sich nicht daran.

Ponys dürfen nie am Zaun angebunden werden, sie könnten ihn niederreißen, wenn sie erschrecken.

Ponys leben gern gesellig, daher solltest du versuchen, die Weide mit einem anderen Ponybesitzer zu teilen. Achte darauf, daß die Ponys dort immer Futter, Wasser und einen Wetterschutz haben.
Die Weide sollte mit einem Balkenzaun, einer dichten Hecke oder mit einfachem Draht eingezäunt sein. Die Drähte müssen ganz straff gespannt sein, und der unterste Draht muß mindestens 50 cm Abstand von der Erde haben. Vorsicht bei Stacheldraht, Ponys können sich daran leicht verletzen!
Ponys lieben kurzes, saftiges Gras. Das lange, rauhe Gras, das auf ihrem Mist wächst, mögen sie nicht. Wenn du die Weide vernachlässigst, ist bald alles Gras, das die Ponys mögen, abgefressen, während große Stellen mit langem, unbrauchbarem Gras bedeckt sind. Wenn Ponys die Eier von Würmern fressen, die in Pferdeäpfeln leben, bekommen sie Würmer. Deshalb sollte der Pferdemist regelmäßig entfernt werden. Gut ist es, wenn auf der gleichen Weide auch Kühe grasen: Sie fressen nämlich das von den Ponys verschmähte lange Gras.

Giftpflanzen

Ehe das Pony hinausdarf, mußt du Weide und Hecken nach Giftpflanzen absuchen, die du dann mit der Wurzel ausreißt und verbrennst. Gefährliche Sträucher oder Bäume müssen eingezäunt werden. Auch Eicheln sind in Mengen giftig, doch fressen die meisten Ponys nicht davon.

1 Zusatzfutter

In der Zeit von Oktober bis Mai ist das Gras spärlich und enthält nur noch wenig Nährstoffe – jetzt braucht dein Pony Heu. Das Heu wird in einem Netz aufgehängt; dadurch wird nicht so viel vergeudet. Pro Tag braucht das Tier, je nach Größe, zwischen 2,5 und 5 Kilo Heu.
Füttere nur Heu, das einen aromatischen Geruch hat, denn von verschimmeltem Heu kann das Pony krank werden oder Atembeschwerden bekommen.

Wenn ein Pony, das nur Heu erhält, gesund aussieht, braucht es vermutlich kein Zusatzfutter. Wenn dein Pony jedoch hart arbeitet, braucht es zusätzlich Nahrung, zum Beispiel Preßfutter. Es ist bequem zu füttern, aber teuer. Kleine Ponys brauchen davon etwa 1 Kilo pro Tag, größere Ponys bis zu 3 Kilo, die in zwei kleineren Rationen verabreicht werden. Andere Futtersorten findest du auf S. 23.

Bei Kälte

Selbst bei kaltem Wetter kann das Pony im Freien bleiben, wenn es zusätzliches Futter bekommt. Es braucht dann mindestens so viel Futter wie ein Stallpony. Bei Frost mußt du jeden Tag die Eisschicht auf seinem Wasserbehälter entfernen.

Im Stall

Wenn du viel reitest und dein Pony dazu in guter Verfassung sein soll, hältst du es am besten im Stall.
Damit es nicht schwitzt und dadurch an Gewicht verliert, wird das Winterfell geschoren und das Pony mit einer Decke warm gehalten. Es muß aber nicht den ganzen Tag im Stall stehen: Täglich ein paar Stunden auf der Weide machen es zufriedener und fügiger.
Versuche dich an einen regelmäßigen Tagesplan zu halten, der für dich und dein Pony günstig ist. Hier ein Vorschlag: 7.30 Uhr: Wasser, Futter, ein kleines Netz Heu und Ausmisten. 10 Uhr: Striegeln, Hufe auskratzen, mindestens eine Stunde Bewegung. 12 Uhr: Kleine Futterration, bis zum Nachmittag auf die Weide. 16 Uhr: Gründliche Pflege, frische Streu. Gegen 17 Uhr: Frisches Wasser und Heu, Abendmahlzeit geben. Vor dem Zubettgehen nachsehen, ob alles in Ordnung ist.

Eine geräumige Box mit geteilter Tür eignet sich besonders gut. Auch ein stabiler Schuppen von mindestens 3 x 4 m mit hohem Dach und einem 1,20 m breiten Eingang erfüllt seinen Zweck. Praktisch ist ein rauher, rutschfester Zementboden, der zur Abflußrinne hin leicht abfallen sollte.

Stallpflege

Mit einer dicken Lage Streu erhält das Pony ein behagliches, warmes Lager. Am besten eignet sich Weizenstroh, außer für gierige Ponys, die das Stroh fressen und davon dick oder krank werden. Auch Torf oder Papierwolle eignen sich gut.

Jeden Morgen mußt du ausmisten und dabei Pferdeäpfel und nasses Stroh entfernen. Das saubere Stroh in einer Ecke aufhäufen, den Boden schrubben, anschließend wieder einstreuen, das Stroh entlang der Wand etwas höher aufschütten. Bei Bedarf Stroh erneuern.

Kaufe nur Geräte, die du leicht handhaben kannst: einen Korb, um den Pferdemist aus dem Stall zu schaffen;

einen Besen, eine Schaufel und mindestens eine Mistgabel, möglichst ohne spitze Zinken (Verletzungsgefahr!).

Einem geschorenen Pony legt man im Winter nachts meist eine Jutedecke und ein oder zwei Unterdecken auf, tagsüber im Stall eine Wolldecke, im Freien eine wasserdichte Decke. Und so legt man die Decke auf: Zuerst die Decke weit nach vorn ziehen und die vordere Schnalle schließen. Dann die Decke von hinten an die richtige Stelle ziehen und prüfen, ob sie auf beiden Seiten glatt herunterhängt.

Lege den Gurt an und schnalle ihn so fest, daß die Decke nicht verrutscht; Falten glattziehen. Um die Decke abzunehmen, den Gurt abnehmen, die vordere Schnalle öffnen und die Decke nach hinten wegziehen.

Füttern

Da Ponys für ihre Größe einen kleinen Magen haben, müssen sie wenig, aber oft fressen. Grundfutter ist Heu, es ersetzt den im Stall lebenden Ponys das Gras. Zusätzlich brauchen sie Futter, das ihnen Energie liefert. Die Menge ist bei jedem Pony verschieden.
Gutes Heu riecht aromatisch und fühlt sich spröde an. Verfüttere kein muffiges oder schimmelndes Heu oder Heu, das weniger als 6 Monate gelagert hat. Wird das Pony nicht bewegt, bekommt es weniger Kraftfutter.
Achte darauf, daß es vor jeder Fütterung trinken kann.

Kraftfutter

Der wichtigste Bestandteil in der Nahrung eines hart arbeitenden Ponys ist das Kraftfutter, denn es erhält das Pony kräftig und arbeitswillig.

Gerste

Gerste ist sehr nahrhaft, macht aber nicht so temperamentvoll wie Hafer. Zum Füttern werden die Körner gründlich zerquetscht oder 2 bis 3 Stunden gekocht.

Hafer

Zuviel Hafer kann Ponys erregbar und aufsässig werden lassen, daher anfangs nur in kleinen Mengen und gut zerquetscht füttern. Der Hafer muß sauber, dickkörnig und mindestens 6 Monate gelagert sein.

Mais

Mais enthält nicht so viel Eiweiß wie Hafer, sollte aber trotzdem nur in sehr kleinen Mengen gefüttert werden.

Ballastfutter

Ballastfutter ist sättigend und bewirkt, daß dein Pony das Kraftfutter nicht zu schnell frißt.

Zuckerrübenschnitzel

Ein beliebtes Ballastfutter. Die Rübenschnitzel müssen vor dem Füttern mindestens 24 Stunden eingeweicht werden.

Häcksel

Das ist Heu, das in der Häckselmaschine zerkleinert wurde.
Lieber häufig, aber nur in kleinen Mengen schneiden, Häcksel wird leicht staubig.

Kleie

Die zermahlenen äußeren Schichten des Weizenkorns. Trocken, zusammen mit Hafer oder als Brei ergeben sie ein gutes Ballastfutter. Warmer Kleiebrei ist gut für kranke Ponys.

Preßfutter

Davon gibt es viele verschiedene Sorten. Meist ist es eine fertige Mischung von Kraft- und Ballastfutter, die eine ausgewogene Nahrung bietet. Es gibt auch eiweißarmes Preßfutter, das vor allem aus getrocknetem Gras besteht. Alle Sorten sind praktisch zu lagern und zu füttern. Täglich etwas frisches Grünfutter oder Gemüse unterstützt die Verdauung des Ponys.

Die Pflege

Zur Pflege des Ponys gehören das Abbürsten von Schmutz, damit das Pony ordentlich aussieht, und das Striegeln, das die Haut reinigt und massiert und deinem Pony zu guter Kondition und Gesundheit verhilft. Ein im Freien gehaltenes Pony bürstet man nur mit einer rauhen

Sprich ruhig zu ihm. Laß deine Hand am Bein des Ponys hinuntergleiten, hebe den Fuß an und entferne mit dem Hufkratzer von hinten nach vorn alles, was sich festgesetzt hat.

An den Hinterbeinen machst du es genauso: Die Abbildung zeigt, wie der Huf ausgekratzt wird; dabei darf der empfindliche Strahl nicht verletzt werden.

Zuerst Schmutz und Schweißflecken mit der Schmutzbürste ausbürsten. Mit ihren harten Borsten bringt man auch die Krusten heraus. Bürste mit kurzen, kräftigen Strichen, außer an empfindlichen Körperstellen.

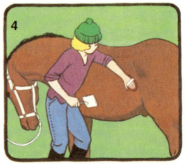

Zum Striegeln nimmt man die Kardätsche und bürstet mit Druck und kurzen, kreisförmigen Bewegungen. Nach ein paar Strichen wird die Kardätsche mit dem Striegel gesäubert.

Körperbürste, sonst zerstört man den wasserabstoßenden Fettfilm auf seiner Haut.
Vor dem Reiten werden die Hufe ausgekratzt.
Wird ein Pony im Stall gehalten, muß es jeden Tag nach dem Reiten gestriegelt werden. Dann sind nämlich die Hautporen geöffnet, und die Schmutzkrusten lassen sich leicht entfernen.

Mit einem feuchten Schwamm oder einem Wattebausch werden Augen und Nüstern sorgfältig ausgewischt. Mit einem anderen Schwamm machst du unter dem Schweif sauber.

Lege die Mähne auf die dir abgewandte Seite, hole dir jeweils ein paar Haare herüber und bürste sie durch. Bürste den Schweif mit der Kardätsche, reiße aber keine Haare aus.

Auf die äußere Hornwand und – nach dem Waschen und Trocknen – auch auf Sohle und Strahl wird Huffett aufgetragen. Das sieht gepflegt aus und schützt die Hufe vor Rissen.

Die Mähne und unordentliche Haare am Schweifansatz mit einer feuchten Bürste ordnen. Zuletzt reibst du das ganze Pony mit einem sauberen Tuch ab, bis das Fell glatt und glänzend aussieht.

Krankheiten

Die meisten Ponys sind ziemlich widerstandsfähig. Bei guter Pflege und vernünftiger Fütterung bleiben sie normalerweise gesund. Aber Krankheiten und Unfälle können doch vorkommen. Du solltest wissen,

Husten und Erkältungen

Wenn dein Pony Husten bekommt, mußt du es isolieren, damit es nicht andere ansteckt, und den Tierarzt holen. Eine Erkältung dauert etwa 10 Tage, anschließend braucht das Pony mehrere Wochen Schonung.

Halte es warm und gib ihm besonders schmackhaftes Futter, z.B. warmen Brei mit Glyzerin, Honig oder Melasse, der seine Halsschmerzen lindert. Vermeide hartes Futter und Anstrengungen.

Kolik

Das sind manchmal gefährliche Bauchschmerzen, die von ungeeignetem Futter herrühren können. Sofort den Tierarzt rufen und das Pony einstweilen warm und in Bewegung halten.

Hufrehe

Darunter leiden manchmal Ponys, die zuviel fettes Gras fressen. Dabei schwellen empfindliche Stellen an den Vorderfüßen an und entzünden sich so stark, daß dem Pony das Gehen weh tut.

worauf du achten und wann du den Tierarzt rufen mußt. Gesunde Ponys haben ein glänzendes Fell, klare Augen und fressen gut. Achte auf Anzeichen wie Lahmheit, Appetitlosigkeit, stumpfes Fell, Gewichtsverlust oder zu starke Gewichtszunahme. Stelle dir eine Stallapotheke mit Watte, Wundpuder, desinfizierender Salbe und Binden zusammen.

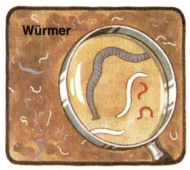

Würmer

Im Körper des Ponys können verschiedene Wurmarten leben, die von seiner Nahrung zehren. Wenn sie in den Blutkreislauf gelangen, wird das Pony mager und krank. Deswegen regelmäßige Wurmkuren.

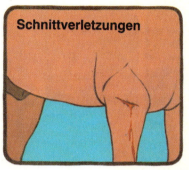

Schnittverletzungen

Kleine Verletzungen mit mildem Desinfektionsmittel und warmem Wasser auswaschen, abtrocknen und mit Wundpulver bestreuen. Tiefe Verletzungen vom Tierarzt nähen lassen.

Sommerräude

Eine allergische Erkrankung, bei der am ganzen Körper kleine, runde, kahle Stellen auftreten. Das Pony nur in Gummihandschuhen versorgen. Laß dir vom Tierarzt eine Medizin geben.

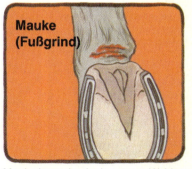

Mauke (Fußgrind)

Mauke kann durch eine nasse Weide oder zu häufiges Waschen verursacht werden. Halte die Stellen sauber und trocken und bitte den Tierarzt um eine geeignete Heilsalbe.

Beim Hufschmied

Wildlebende Pferde müssen nicht beschlagen werden, ihre Hufe nützen sich auf natürliche Weise ab. Bei Pferden, die arbeiten oder auf gepflasterten Straßen laufen, müssen die Hufe dagegen durch Huf-

1 Beschlagen

Mit der scharfen Kante des Unterhaus löst der Hufschmied zuerst die Nägel, mit denen das alte Hufeisen am Huf befestigt ist.

Das alte Hufeisen nimmt er mit der Beschlagzange ab; dabei darf er es nicht verdrehen oder die äußere Hornwand beschädigen.

Mit der Hufzange und der Hufschere entfernt er das überflüssige Horn, das seit dem letzten Beschlagen gewachsen ist.

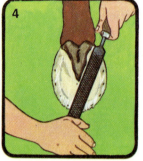

Damit der Huf waagrecht steht und das neue Hufeisen gut paßt, raspelt der Hufschmied die Hornsohle gerade.

eisen geschützt werden. Die harte Hornwand des Pferdehufs wächst im Monat etwa 0,5 cm. Sie muß zurückgeschnitten werden, weil das Pferd sonst lahm werden kann. Dazu nimmt der Hufschmied das alte Hufeisen ab, schneidet das nachgewachsene Horn zurück und paßt ein neues Eisen an.

Um zu sehen, ob das Hufeisen genau paßt, wird es auf den Huf gepreßt. Das tut nicht weh, dort fühlt das Pferd nichts.

Jetzt wird das neue Hufeisen so aufgenagelt, daß die Spitzen der Nägel etwa 3 cm aus der Hufwand herausstehen.

Die Nagelspitzen werden abgezwickt, die Nägel von unten fest eingeschlagen und mit einer Zange zu Krampen umgebogen.

Zuletzt raspelt der Schmied die Hufwand und die Nagelenden glatt, damit keine scharfen Enden mehr herausragen.

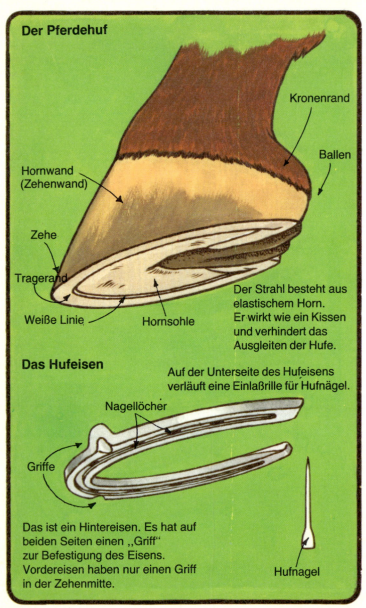

Im Sattel

Vergiß nie, beim Reiten eine Sturzkappe zu tragen. Schau vor dem Aufsitzen nach, ob der Sattelgurt stramm genug sitzt, sonst kann der Sattel wegrutschen. Deine Knie und Oberschenkel müssen eng am Sattel liegen, damit du sie schnell zusammenpressen und dich dadurch aufrecht halten kannst. Wenn du das gelernt hast, kommst du nicht mehr in Versuchung, dich mit Hilfe der Zügel im Gleichgewicht zu halten.

Zügelhaltung

Die wichtigste Verbindung zwischen dir und dem Pony sind die Hände. Halte die Zügel so locker, daß du das Maul des Ponys eben fühlen kannst. Die Zügel laufen vom Trensengebiß, zwischen Ringfinger und kleinem Finger hindurch, über die Handfläche und werden zwischen Daumen und Zeigefinger gehalten.
Die Zügel hältst du in gleicher Höhe, mit etwa 10 cm Abstand von beiden Seiten des Ponyhalses. Dabei zeigen die Fingerknöchel nach vorn, die Daumen liegen oben.

Sattel nachgurten

Schiebe dein Bein nach vorn, hebe das Seitenblatt an und halte es mit der anderen Hand fest. Ziehe die Gurtstrippen nacheinander an und schiebe den Dorn der Schnalle jeweils ein Loch höher.

Halte die Zügel so, daß sie eine gerade Linie von den Ellbogen bis zum Trensengebiß bilden.

Steigbügel verpassen

Zieh das lose Ende des Steigbügelriemens an und halte dabei den Dorn mit einem Finger fest. Jetzt kannst du den Riemen verstellen, ohne daß er aus der Schnalle rutscht.

Aufsitzen

Stelle dich neben die linke Schulter des Ponys, mit Blick auf seinen Schwanz. Ergreife mit der linken Hand die Zügel, zusammen mit einem Haarbüschel aus der Mähne; mit der rechten Hand hältst du den Steigbügel und schiebst den Ballen des linken Fußes hinein.

Nun springst du möglichst leicht hoch. Tritt dem Pony dabei aber nicht mit dem linken Fuß in die Seite! Mit der rechten Hand hältst du dich vorn oder hinten am Sattel fest.

Nun das linke Knie durchdrücken und das rechte Bein vom Boden über die Kruppe des Ponys schwingen. Achte darauf, daß du es dabei nicht mit dem Fuß berührst.

Setze dich weich in den Sattel, damit du dem Pony nicht weh tust oder es erschreckst. Schiebe nun auch den rechten Fuß in den Steigbügel und nimm die Zügel in beide Hände.

Absitzen

Nimm beide Füße aus den Steigbügeln und laß die Beine frei hängen. Beuge dich leicht nach vorn und lege die linke Hand auf die Mähne des Ponys. Zügel dabei festhalten.

Halte dich mit der rechten Hand vorn am Sattel fest, beuge dich vor und schwinge das rechte Bein über die Kruppe.

Gleite langsam herunter, komm dabei aber nicht zu nahe an die Vorderbeine des Ponys. Beim Absteigen nie das rechte Bein nach vorn über den Hals des Ponys schwingen!

Schiebe die Steigbügel nach oben und streife die Zügel über den Kopf des Ponys. Beim Führen hältst du das Zügelende in der linken Hand und die Zügel nahe am Gebiß mit der rechten.

Gangarten

Bei Ponys kennt man vier Gangarten: Schritt, Trab, Arbeitsgalopp und Jagdgalopp. Wenn du sie richtig beherrschst, wird das Reiten dir und dem Pony Freude machen.

Schritt

Der Schritt ist ruhig und gleichmäßig und daher die einfachste Gangart. Du hast dabei Zeit zu kontrollieren, ob du alles richtig machst. Auch wenn dir dabei anfangs nicht ganz geheuer ist, versuche dich so weit zu entspannen, daß du den Rhythmus spürst, in dem sich dein Pony bewegt. Halte dich am Sattel oder an der Mähne fest, bis du dich sicher fühlst, erst dann nimm die Zügel. Sie dienen dazu, das Pony zu lenken und unter Kontrolle zu halten und nicht, um sich daran festzuhalten.

Wenn das Pony im Schritt geht, bewegt es den Kopf auf und ab. Halte die Zügel so locker, daß deine Hände diesem Rhythmus folgen können. Setze dich tief, aber gerade in den Sattel und schau nach vorn.
Beim Schritt kommen die vier Hufe in dieser Reihenfolge auf dem Boden auf: linker Vorderfuß – rechter Hinterfuß – rechter Vorderfuß – linker Hinterfuß.

Fußfolge im Schritt

Trab

Der Trab ist eine lebhaftere Gangart und kann etwas unbequem sein, bis du gelernt hast, dich dabei leicht im Sattel zu heben. Du solltest nicht traben, ehe du den Schritt beherrschst. Wenn du den Bewegungsablauf einmal begriffen hast, ist aber das Traben recht einfach: Du läßt dich von den Knien aus durch die Bewegungen des Ponys etwas in die Höhe und nach vorn stoßen. Im gleichen Takt setzt du dich immer wieder weich in den Sattel zurück; Hände und Beine dabei ruhig halten. Dazu braucht man natürlich viel Übung. Vielleicht hilft es dir, wenn du zunächst im Takt des Trabens „auf – ab" sagst. Beuge dich leicht nach vorn, um das Gleichgewicht zu halten; der Rücken ist gerade, aber nicht verkrampft.

Beim Trab kommen die Hufe paarweise auf: erst linker Vorderfuß und rechter Hinterfuß gleichzeitig, dann rechter Vorderfuß und linker Hinterfuß gleichzeitig. Man nennt das eine diagonale Bewegung.

Fußfolge im Trab

Arbeitsgalopp

Der Arbeitsgalopp ist eine aufregende Gangart und bei den meisten Reitern sehr beliebt. Er ist allerdings recht ermüdend, deshalb solltest du zunächst nur kurz üben.
Anfangs hältst du dich mit einer Hand am Sattel fest. Du sitzt aufrecht, die Hüften folgen den Bewegungen des Ponys, das Gesäß bleibt im Sattel. Vielleicht wirst du dich zunächst dabei verkrampfen, weil du nicht auf und ab stoßen sollst. Halte die Zügel so locker, daß sich der Kopf des Ponys im Takt auf und ab bewegen kann. Beim Galopp kann das linke oder das rechte Vorderbein „führen", man spricht dann von Links- oder Rechtsgalopp.
Wenn das Pony im Kreis galoppiert, sollte das innere Vorderbein führen, damit das Pony im Gleichgewicht ist. Die Fußfolge beim Rechtsgalopp (siehe Bild): linker Hinterfuß – rechter Hinterfuß und linker Vorderfuß gleichzeitig – rechter Vorderfuß.

Fußfolge im Arbeitsgalopp

Jagdgalopp

Die schnellste und aufregendste Gangart ist der Jagdgalopp. So schnell galoppieren solltest du nur, wenn dein Pony in guter Verfassung ist und du es im Arbeitsgalopp beherrschst. Galoppiere aber nie im Straßenverkehr und in der Nähe von Fußgängern!
Ponys beschleunigen vom Arbeitsgalopp zum Jagdgalopp, indem sie raumgreifendere Sprünge machen, sich mit den Hinterbeinen fester abstoßen und den Oberkörper stark vorstrecken. Die Füße bleiben nur ganz kurz auf dem Boden, dazwischen liegt eine Schwebephase, in der kein Fuß den Boden berührt. Verlagere dein Gewicht nach vorn und hebe dich etwas aus dem Sattel, um den Rücken des Ponys zu entlasten; das Gewicht ruht auf deinen Knien und Füßen.
In einer Kurve sollte, wie beim Arbeitsgalopp, das innere Vorderbein führen. Beim Jagdgalopp kommen alle vier Füße in dieser Reihenfolge einzeln auf: linker Hinterfuß – rechter Hinterfuß – linker Vorderfuß – rechter Vorderfuß.

Fußfolge im Jagdgalopp

Hilfen

Alle gut zugerittenen Ponys haben gelernt, bestimmte Zeichen ihres Reiters zu verstehen, die Hilfen. Du brauchst sie, um deinem Pony mitzuteilen, was es tun soll. Hilfen, die mit deiner Stimme, mit Händen, Beinen oder Körper gegeben werden, heißen natürliche Hilfen, Peitsche und Sporen sind künstliche Hilfen. Der richtige Einsatz dieser Hilfen verlangt viel Übung. Dazu solltest du auf einem gut zugerittenen Pony reiten lernen, das versteht und gehorcht. Nur dann bekommst du ein Gefühl dafür, ob du alles richtig machst.

Die Stimme

Sprich ruhig, aber bestimmt. Dein Pony lernt, deinen Tonfall zu verstehen, und hat Vertrauen zu dir, solange du es gut behandelst. Gib nur einfache Kommandos, denn einzelne, kurze Wörter wie „Schritt", „Trab" und „halt" wird das Pony verstehen, lange Sätze dagegen nicht.

Der Körper

Durch eine leichte Verlagerung deines Körpers kannst du das Gleichgewicht des Ponys verändern. Das Pony wird rasch lernen, was es bedeutet, wenn du den Druck auf den Sattel veränderst. Mit den gymnastischen Übungen (siehe unten) und durch die Arbeit an der Longe kannst du zu guter Körperbeherrschung kommen.

Die Hände

Auch deine Hände gehören zu den Hilfen, die das Pony unter Kontrolle halten und lenken. Über die Zügel gibst du ihm Anweisungen mit den Fingern. Halte dich nie an den Zügeln fest und zerre nicht daran, sonst wird sein Maul abgestumpft, und das Pony wird sich bald nicht mehr um deine Anweisungen kümmern.

Die Beine

Durch Druck mit den Unterschenkeln gegen die Seiten treibst du dein Pony zu schnellerem Laufen an. Je schneller das Pony laufen soll, desto stärker ist der Schenkeldruck. Wenn du die Schenkel weiter hinten gegen seinen Körper preßt, wirkst du auf die Hinterbeine ein und sagst ihm, wann es sich zur Seite bewegen oder wenden soll.

Die ersten Reitstunden

Nich[t]
soll r[...]
mitge[...]

Über der Trense wird der Kappzaum angelegt. Die Longe muß mindestens 4,50 m lang sein. Sie wird mit einem Karabinerhaken an einem Ring des Nasenriemens eingehängt.

Wenn du linksherum reitest, hält der Lehrer mit der linken Hand die Longe und in der rechten eine Peitsche. Meist genügt seine Stimme, um die Geschwindigkeit des Ponys zu bestimmen.

Das Mädchen auf dem Bild hat Unterricht an der Longe. Das Pony wird vom Reitlehrer unter Kontrolle gehalten, so daß sie die Zügel nicht braucht. Auf diese Weise kann man die Bewegungen des Ponys besonders gut spüren. Wenn du dich unsicher fühlst, kannst du dich vorn am Sattel festhalten. Kurzes Üben in beiden Richtungen ist ausreichend, sonst werden deine Muskeln müde und verkrampft. Wenn die Longe von einem erfahrenen Lehrer gehalten wird und das Pony geschult ist, kannst du dich auf dein Gleichgewicht und das korrekte Reiten konzentrieren.

sitzen! Der Körper
...gungen des Ponys

Übungen

Das richtige Reiten erscheint zuerst schwierig und ermüdend, denn du benutzt dabei Muskeln, die du sonst nicht oft gebrauchst.
Hier sind einige Übungen, die dir helfen, geschmeidig und fit zu werden und dadurch besser zu reiten. Übe immer nur ein paar Minuten an einem sicheren Ort auf einem ruhigen Pony; dabei sollte es jemand festhalten. Verknote die Zügel, damit du dich beim Üben nicht mit den Füßen darin verfängst.

Beuge dich mit erhobenem Kopf leicht nach vorn. Hebe dich etwa 5 cm hoch aus dem Sattel und lasse dich wieder sanft darauf nieder. Notfalls kannst du dich an der Mähne des Ponys festhalten.

Beuge dich nach unten und berühre die Fußspitzen, erst die eine, dann die andere. Der Fuß darf der Hand nicht entgegenkommen und der andere Fuß nicht nach hinten ausweichen.

Hebe die Arme in Schulterhöhe und drehe den Oberkörper in gleichmäßigem Rhythmus so weit wie möglich nach links und nach rechts. Halte die Beine dabei ruhig. Anschließend mit den Armen kreisen.

1 Zurücklehnen

2

Beuge den Oberkörper zuerst nach vorn und dann langsam nach hinten, bis du auf der Kruppe des Ponys liegst. Die Beine dürfen nicht nach vorn rutschen.

Jetzt gehst du langsam in die richtige Reithaltung zurück. Die Arme bleiben während der ganzen Zeit verschränkt. Diese Übung ist recht schwierig, sie kräftigt aber Rücken- und Bauchmuskeln.

1 „Mühle"

2

Schwinge das rechte Bein über den Hals des Ponys, so daß du seitlich im Sattel sitzt. Schwinge erst das linke, dann das rechte Bein über die Kruppe, so daß du auf der anderen Seite sitzt.

Zuletzt schwingst du das linke Bein über den Hals des Ponys zurück in die Ausgangsposition. Übe in gleichmäßigem Rhythmus, auch rechts herum, und gib acht, daß du das Pony nicht triffst.

Übergänge (Paraden)

Wechsel in andere Gangarten sollen fließend, ohne ruckartige Bewegungen vor sich gehen. Gib jede Hilfe deutlich, aber nur so stark, daß das Pony sie verstehen und gehorchen kann.

Schneller reiten

Sitz gerade und sieh nach vorn!

Wenn dein Pony loslaufen will, ehe du ihm das Zeichen dafür gegeben hast, hältst du es zurück, indem du die Zügel etwas straffer nimmst.

Fertigmachen zum Schritt

Beim Anreiten gibst du mit den Zügeln etwas nach und läßt deine Hände den natürlichen Bewegungen seines Kopfes folgen. Verliere nicht die Fühlung mit dem Maul des Ponys, sonst hast du keine Kontrolle mehr über das Tier.

Bei einem guten Reiter auf einem gut zugerittenen Pferd wirst du die Hilfen fast gar nicht bemerken – und darauf solltest du hinarbeiten. Das verlangt viel Übung und läßt sich nur auf einem gut ausgebildeten Pferd erlernen, das versteht, was du von ihm willst.

Halte Kontakt mit dem Maul des Pferdes!

Im Schritt

Drücke mit den Unterschenkeln kurz gegen seine Seiten und sage „vorwärts!" Wenn es sich in Bewegung setzt, lasse die Zügel so locker, daß es den Kopf im Rhythmus seiner Schritte bewegen kann. Bleibe auch beim Anreiten gerade sitzen.

Um einen fließenden Übergang vom Schritt zum Trab zu erreichen, bleibst du während der ersten Trabsprünge noch sitzen. Erst wenn das Pony gleichmäßig trabt, fängst du an mitzugehen.

Drücke die Fersen nach unten und stehe aus den Knien auf.

Trab

Beim Traben streckt das Pony den Hals nicht so weit vor, daher mußt du die Zügel kürzer fassen, ehe du die Schenkel gegen seine Seiten drückst.

Das Pony wird mit dem Gesäß und den Beinen angetrieben. Wiederhole den Schenkeldruck, damit es gleichmäßig schnell trabt.

Beim Rechtsgalopp nimmst du den rechten Zügel etwas straffer und drückst mit dem rechten, am Gurt liegenden Schenkel gegen die Seite des Ponys. Der linke Schenkel liegt dabei hinter dem Gurt.

Beim Linksgalopp geben der linke Zügel und das linke Bein die Hilfen.

Galopp

Setze dich tief in den Sattel. Mit dem inneren, am Gurt liegenden Schenkel treibst du das Pony an. Das äußere Bein liegt hinter dem Gurt. Nimm den inneren Zügel etwas straffer, damit das Pony auf der richtigen Hand angaloppiert.

Langsamer reiten

Bleibe ruhig sitzen, damit das Pony nicht aus dem Gleichgewicht kommt.

Wenn es auf deine Hilfen anspricht, läßt du die Zügel etwas lockerer.

Vom Galopp zum Trab

Halte den Rücken gerade und setze dich tief in den Sattel. Gleichzeitig faßt du die Zügel fester und sagst „Trab!" Die Schenkel bleiben dicht an den Seiten des Ponys, so daß es in einen weichen, ausgewogenen Trab zurückfällt.

Durch Schenkeldruck hältst du das Pony auf geradem Kurs und verhinderst, daß es hinten seitwärts ausweicht.

Gib acht, daß du nicht nach vorn fällst und die Kontrolle über das Pony verlierst.

Vom Trab zum Schritt

Wie zuvor sitzt du tief im Sattel und drückst das Gesäß nach unten. Mit den Zügeln hältst du das Pony sanft zurück und sagst „Schritt!" Drücke die Schenkel gegen seine Seiten, damit es beim Wechsel zum Schritt nicht stehen bleibt.

Deine Füße dürfen nicht nach vorn rutschen; drücke deshalb die Fersen nach unten.

Vergiß nicht, das Pony durch Hilfen zum Halten zu bringen und nicht etwa durch Zerren am Zügel.

Halten

Richte den Oberkörper auf und nimm die Zügel etwas straffer. Dabei sagst du „halt!" Durch Schenkeldruck bringst du seine Hinterbeine unter den Körper, so daß es voll auf allen vier Beinen steht.

Sage „Zurück!" und halte es durch Schenkeldruck gerade.

Zwei bis drei Schritte sind genug, dann läßt du es wieder vorwärts gehen.

Rückwärts

Das läßt sich nur mit einem gut geschulten Pony durchführen. Zuerst muß es gerade stehen und sich ganz auf dich konzentrieren. Gib ihm leichte Beinhilfen, halte es aber mit den Zügeln sanft zurück, damit es rückwärts statt vorwärts geht.

Wendungen

Rechtswendung

Sitz gerade! Das Gesäß muß fest im Sattel bleiben, sonst bringst du das Pony aus dem Gleichgewicht.

Das Pony soll nach rechts sehen, indem es den Nacken seitlich biegt, und nicht etwa nur den Kopf zur Seite drehen.

Die Hinterfüße sollen in die Spuren der Vorderfüße treten.

Es ist wichtig, daß man sein Pony in jeder Gangart flüssig nach rechts und links wenden kann. Wenn dir Wendungen oder Kreise in eine bestimmte Richtung schwerer fallen, ist dein Pony vielleicht auf einer Seite etwas steif. Durch Übungen kannst du erreichen, daß es geschmeidiger wird. Zum Wenden darfst du dich nicht nach vorn beugen und das Pony zur Seite ziehen. Du bleibst tief im Sattel sitzen, „sagst" ihm durch Gesäß- und Schenkeldruck, was es tun soll, und lenkst es mit den Händen. Hier wird dir eine Wendung nach rechts gezeigt.

Um sauber zu wenden oder einen gleichmäßig runden Kreis zu reiten, muß das Pony Hals und Wirbelsäule in die Richtung biegen, in die es geht.

Du lenkst das Pony, indem du den rechten Zügel etwas strafftst und den linken etwas nachläßt, so daß es sich nach rechts biegen kann. Behalte aber die Fühlung bei!

Der innere Schenkel liegt wie üblich dicht am Gurt. Beim Wenden muß das Pony sich sozusagen um den inneren Schenkel biegen. Bleibe gleichmäßig im Trab!

Drücke den äußeren Schenkel eine Handbreit hinter dem Gurt leicht gegen die Seite des Ponys. Dadurch verhinderst du, daß die Hinterhand nach links ausbricht.

Handwechsel

So nennt man eine Wendung und das Weiterreiten in eine andere Richtung. Versuche die Wendung möglichst fließend auszuführen, ohne das Pony aus dem Takt zu bringen.
Um von der linken auf die rechte Hand zu wechseln, folgst du der blauen Linie auf dem Reitbahn-Plan (unten). Zuerst an der kurzen Seite der Bahn entlangreiten. Beim ersten seitlichen Wechselpunkt abbiegen und die Bahn diagonal durchreiten. Am gegenüberliegenden Wechselpunkt auf die rechte Hand überwechseln oder gerade durch die Länge der Bahn wechseln. In einer Gruppe wechselt zuerst der vorderste Reiter die Hand.

Die Reitbahn

Als Reitbahn kann im Grunde jede eingegrenzte, ebene Fläche dienen, auf der du ungestört reiten kannst. Ideal ist eine geschlossene Reithalle, du kannst dir aber auch eine ruhige Ecke auf einem Feld mit Strohballen oder Ölkanistern abtrennen.

Die übliche Größe der Reitbahn beträgt 20 x 40 m. Bestimmte Punkte an den Außenlinien sind mit Buchstaben gekennzeichnet.
Du lernst sie am besten auswendig, denn sie sind auf jeder Reitbahn gleich. Dann weißt du, auch ohne hinzusehen, was zu tun ist, wenn ein Kommando gegeben wird.

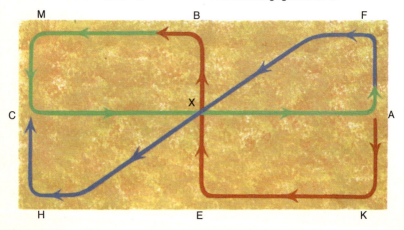

Bahnfiguren

Diese Figuren solltest du immer wieder kurz, aber gründlich üben. Sie machen dein Pony beweglicher und verbessern dein Gleichgewicht. Du übst zuerst im Schritt, dann in einem ruhigen Trab und achtest dabei auf gleichmäßige Geschwindigkeit und Rhythmus der Bewegung.

Es ist gar nicht einfach, einen exakten Kreis zu reiten. Fang am besten mit großen Kreisen an: Stell dir vor, auf dem Boden sei eine Kreislinie gezogen. Sieh geradeaus und versuche, dein Pony auf dieser Linie zu halten. Dann versuchst du eine Acht zu reiten: zwei Kreise mit einem Handwechsel dazwischen. Schwierigste Übung sind Schlangenlinien.

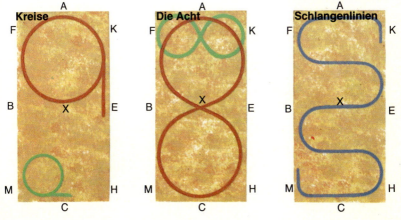

Springen für Anfänger

Springen kann viel Spaß machen. Du darfst aber nicht damit anfangen, ehe du dich sicher fühlst und das Pony in allen Gangarten unter Kontrolle hast. Am besten übst du nach einem Trainingsplan wie hier und möglichst mit einem Lehrer.

Übe immer nur kurz, damit sich dein Pony nicht langweilt. Aufhören solltest du immer dann, wenn es etwas gut gemacht hat. Zum Springen schnallst du die Steigbügel ein oder zwei Löcher kürzer.

Anreiten

Schon das Anreiten auf das Hindernis muß stimmen, sonst hat das Pony Schwierigkeiten beim Sprung. Du sitzt dabei im Springsitz.
Das Pony darf seinen Kopf senken und Lage und Höhe des Hindernisses selbst beurteilen.

Absprung

Gib acht, daß du nicht zurückfällst, wenn das Pony springt. Du beugst dich dabei nach vorn, die Schenkel bleiben dicht am Sattel. Du darfst weder die Knie durchdrücken, noch im Steigbügel aufstehen. Die Hände kommen nach vorn, damit das Pony ausreichend Zügel hat.

Schweben

Sitze ruhig, die Knie fest gegen den Sattel gedrückt. Die Unterschenkel dürfen nicht nach hinten rutschen, sonst kommt das Pony aus dem Gleichgewicht. Zuerst zieht es die Hinterbeine unter den Leib, um über das Hindernis zu kommen, dann streckt es die Vorderbeine nach unten.

Landen

Beim Landen kommen Kopf und Hals des Ponys wieder nach oben, um das Gleichgewicht zu erhalten. Die Vorderfüße treffen hart auf den Boden auf. Du kannst sie etwas entlasten, wenn du beim Aufsprung Schultern und Gesäß leicht nach hinten nimmst.

Weiterreiten

Die Vorderfüße setzen zum ersten Schritt an, während die Hinterfüße fast in die Vorderspuren fallen. Übernimm beim Landen sofort wieder die Kontrolle. Der Sprung sollte eine weiche, fließende Bewegung darstellen. Mit einem erfahrenen Pony ist das natürlich am einfachsten.

Stangen

Das ist eine gute Vorübung fürs Springen, sie verbessert dein Gleichgewicht und gibt dir Selbstvertrauen. Das Pony lernt dabei, seine Schritte den Abständen entsprechend einzuteilen, was beim Springen sehr wichtig ist.

Man benutzt stabile Holzstangen, mindestens 3 m lang und mit 10 bis 15 cm Durchmesser, damit das Pony beim Darübertraben richtig die Füße heben muß. Die Stangen können naturfarben oder bemalt sein; dann gewöhnt sich das Pony schon an farbige Hindernisse. Das zweite Pony folgt hier ziemlich dicht. Wenn Ponys eine Übung beherrschen, sollten sie einzeln üben.

Anfangsübung

Zuerst reitest du nur über eine Stange. Nach und nach legst du im Abstand von etwa 1,20 m weitere Stangen dazu. Beuge dich etwas vor und behalte Fühlung mit dem Maul des Ponys.

Stangenreihe

Jetzt versuchst du dasselbe in einem allmählich schneller werdenden Trab, zunächst wieder mit einer Stange, dann mit mehreren. Reite in der Mitte über die Stangen und bleibe im Rhythmus.

Der erste Sprung

Trabt das Pony sicher über die Stangen, dann stellst du etwa 2,40 m hinter der letzten Stange ein niedriges Cavaletto auf. Trabe über die Stangen und dann geradewegs über das Hindernis.

Cavaletti

Cavaletti sind eine Erfindung der italienischen Kavallerie. Man brauchte Hindernisse, die man leicht versetzen und kombinieren konnte. Inzwischen verwenden sie fast alle Reiter zur Schulung ihrer Pferde. Die Arbeit mit den Cavaletti entwickelt die Muskeln des Ponys und nimmt ihm die Angst vor dem Springen. Du kannst dabei die Haltung beim Springen üben und dich an die Bewegungen des Ponys gewöhnen. Wenn, wie hier, ein anderes Pony vorausgeht, mußt du genügend Abstand halten.

So baut man Cavaletti

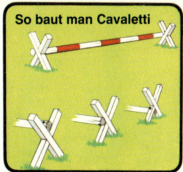

Cavaletti kann man kaufen oder selber bauen. Die gekreuzten Kanthölzer sind 75 cm lang und 7 x 7 cm dick. Dazwischen wird eine 3 m lange Holzstange befestigt.

Weitere Cavaletti

Mit Cavaletti kannst du die verschiedensten Hindernisse aufbauen. Sie sollten niedrig und leicht zu überspringen sein, dann hat dein Pony Freude daran und verweigert nicht.

Verhalten im Gelände

Für Reiter im Gelände gelten einige ungeschriebene Regeln: Beachte das Eigentum und den Grund und Boden anderer Leute mit besonderer Sorgfalt.

Überprüfe, ob das Pony gut beschlagen und ordentlich ausgerüstet ist. Trage immer eine Sturzkappe, praktische Kleidung und Stiefel mit flachem Absatz.
Wenn du allein ausreitest, vergiß nicht, jemandem zu sagen, wohin du reitest und wie lange du voraussichtlich ausbleiben wirst.

Vergiß nie, Gatter, die du geöffnet hast, wieder zu schließen, selbst wenn das Feld leer zu sein scheint. Bring deinem Pony bei, daß es dir dabei hilft.

Gib acht, daß du – vor allem bei Regen – auf Feldern keinen Flurschaden anrichtest und daß du das Vieh auf den Weiden nicht aufscheuchst.

Denke daran, daß du zwar auf Straßen, Reitwegen und in bestimmten anderen Geländen reiten darfst, daß aber alle anderen Felder, Wege und Wälder Privatbesitz sind. Bitte daher zuerst den Bauern oder Landbesitzer um Erlaubnis. Verhalte dich dann vernünftig und vermeide Schäden, damit du wieder einmal dort reiten darfst.

Galoppieren

Suche dir dafür einen ruhigen, leicht ansteigenden Weg mit weichem Boden aus oder auch einen Feldrand. Reite immer langsam an Fußgängern oder anderen Reitern vorbei.

Ein weiter Ritt

Mache etwa eine halbe Stunde Pause. Lege über der Trense ein Halfter an, so daß du sie abnehmen und das Pony grasen lassen kannst. Nimm auch den Sattel ab und laß das Pony kurz trinken.

Kurz vor der Heimkehr

Den letzten Kilometer solltest du im Schritt reiten, damit das Pony nicht aufgeregt und verschwitzt nach Hause kommt. Wenn es sehr müde ist und nicht mehr ruhig geht, führst du es.

Zuhause

Ein im Stall gehaltenes Pony muß abgerieben oder herumgeführt werden, bis es trocken ist. Lebt dein Pony auf der Weide, reibt es sich selbst trocken, indem es sich tüchtig wälzt.

Das Alter deines Pferdes

Eine Stute hat 36 Zähne, ein Hengst oder Wallach 40. Das Gebiß besteht aus 12 Backenzähnen und 6 Schneidezähnen, jeweils oben und unten. Dazu kommen beim männlichen Tier zwei Hakenzähne. Mit den Vorderzähnen beißt ein Pferd Grasbüschel ab, mit den Backenzähnen kaut es. Das Alter eines Pferdes oder Ponys kann man an den je sechs Vorderzähnen im Ober- und Unterkiefer erkennen. Bis zum Alter von acht Jahren ist diese Methode ziemlich zuverlässig. Danach müssen so viele Dinge berücksichtigt werden, daß nur noch Fachleute das Alter genau bestimmen können. Hier siehst du, wie sich Größe und Form der Vorderzähne eines Ponys im Laufe seines Wachstums verändern.

Zwei Jahre

Das sind Milchzähne; sie sind klein und weiß.

Fünf Jahre

Die Eckzähne brechen durch. Bei Hengsten wachsen Hakenzähne.

Acht Jahre

Durch Abnutzung ist die Einkerbung verschwunden, und die Reibeflächen der Zähne sind gerade geworden.

Drei Jahre

Anstelle der oberen und unteren Milchzangen sind

große, bleibende Zähne durchgebrochen.

Vier Jahre

Anstelle der Milchmittelzähne sind große, blei-

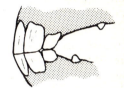

bende Mittelzähne getreten.

Sechs Jahre

Die Oberfläche der Eckzähne ist durch Abnutzung gerade geworden.

Sieben Jahre

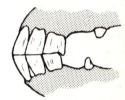

Bei den oberen Eckzähnen erscheint hinten eine Einkerbung, der 1. Einbiß.

Zehn Jahre

Die Zähne beginnen vorzustehen; in den oberen Eckzähnen erscheint eine neue Vertiefung, der 2. Einbiß.

Zwanzig Jahre

Die Zähne stehen stark vor. Der Einbiß reicht nun bis zur Reibefläche der Eckzähne hinunter.

Wie man eine Pferderasse erkennt

Auf den ersten Blick sehen alle Pferde gleich aus. Erst wenn du dich eine Zeitlang mit ihnen beschäftigt hast, wirst du Unterschiede erkennen:

Welsh Mountain Pony

Highland-Pony

Wenn das Pferd den Schweif hoch trägt und eine etwas durchgebogene Nase hat, handelt es sich vielleicht um einen Araber oder ein Welsh Mountain Pony.

Wenn es klein und kräftig ist und ein langes Fell hat, handelt es sich vielleicht um ein Highland oder ein Dartmoor Pony.

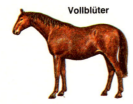

Vollblüter

Percheron

Bei einem großen, schlanken, hochbeinigen Pferd mit seidigem Fell handelt es sich möglicherweise um einen Vollblüter.

Bei einem großen, schweren, kräftigen Pferd mit einem dichten Behang handelt es sich um ein Kaltblut, etwa ein Percheron.

Wenn du mehr über die verschiedenen Rassen wissen möchtest, solltest du dir das Handbuch

Kennst du diese Pferde

(Otto Maier Verlag Ravensburg, RTB 623)

zulegen. Es schildert mit farbigen Abbildungen und informativen Sachtexten 80 Pferderassen. In der Einleitung wird die Abstammung der Pferde erklärt, wofür man welche Rassen einsetzt, worauf man bei einem Pferd besonders achten sollte. Im Anhang wird auf die Pflege, das Futter und die Grundzüge des Reitens eingegangen.